निखलेश वाणी... वक़्त (जन्म और मृत्यु)

A FINE LINE BETWEEN LIFE AND DEATH, IT'S CALLED TIME.

निखलेश सेजवार

Dedicate to those peoples who are killing themselves everyday in some way or the other.

- Ms.Nikhlesh Sejwar

क्रम-सूची

क्रम-सूची

क्रम-सूची

प्रस्तावना

(Foreword)

Death is a way of being human reality that assumes, When a human comes to life, it is already old enough to die.

There is a fine line between life and death. It's called Time.

Live your life to the fullest and before death leave them a mark to show that you exist forever.

भूमिका

(Preface)

It is better to live your own destiny imperfectly than to live an imitation of somebody else's life with perfection.

Human Life Is Full Of Battles. Never Shirk In fear, Fight To The Last, Stand Your Ground.

live your life before you die. Death is reality of life.

पावती (स्वीकृति)

(Acknowledgement)

I am grateful to **GOD and Parents,** who deserve to be complimented for their unconditional support. I am thankful to **professors** and **friends,** who constanlty mentored me to become what I am today.

I am grateful to the **Team of NATION PRESS Pvt.Ltd.,** whose invaluable editing efforts and whole hearted encouragement put me on the correct path and helped me to bring outthis useful book with in a short period of time. I want to gratitude towards my **Collegues, Friends** and **Students,** for encouraging me to write this book.

Last but not the least, I beg to forgiveness of all those who have been with me over the course of the years and whose names i have failed to mention.

- ***Ms. Nikhlesh Sejwar***

आमुख

(Prologue)

Dream as if you'll live forever. Live as if you'll die today.Life is not lost by dying; life is lost minute by minute, day by dragging day, in all the thousand small uncaring ways.

Fear not that life shall come to an end, but rather fear that it shall never have a beginning.Life is always walking up to us and saying, "Come on in, the living's fine,"

The fear of death follows from the fear of life. Every day is an opportunity to make a new happy ending.

1

मृत्यु है जीवन और मरण का सत्य

मृत्यु है जीवन और मरण का सत्य।
निश्चित है एक वक्त पर शरीर का होना मृत्य।।

......

जन्म के साथ ही जब मृत्यु की तिथि हो जाती है निश्चित।
तो फिर किस विधा का रहता है इंतजार,
होने के बाद वक्त और तिथि सुनिश्चित।।

....

जब हम हर चीज को लगाते है गले।
तो क्यूं रहते है मौत की सच्चाई से परेय।।

....

क्यूं जिन्दगी जीने के लिए मौत के कुछ पलों का होता है इंतजार।
मौत के करीब पहुंच उन गिनती के लम्हों के लिए फिर करते हैं खुदा को शुक्रगुजार।।

....

क्यूं नहीं हम मौत को भी ज़िंदगी की तरह अपनाते हैं।
हर पल ज़िंदगी जी क्यूं नहीं मौत की सच्चाई को खुशी से गले लगाते है।।

....

पूरी जिंदगी काम में व्यस्त हो निकालते है।
जब ज़िंदगी के बचते हैं कुछ लम्हे, तो फिर उन्हें सुधारते है।।

....

कुछ लम्हों की खुशियों में जिन्दगी पूरी जीने की कोशिश करते है।
क्यूं नहीं जिंदगी के हर पल में हम वही हंसी भरते हैं।।

....

एक दिन सबको मृत्यु के पास जाना है।
कुछ लम्हों में जीवन गुजर जाना है।
ना किसी का है ठिकाना।
फिर इस जहान में ना जाने किसको कहां जाना है।।

....

मृत्यु ही है जब जीवन का सत्य।
तो आओ उसको अपनाते है।
हर पल हर पन्ने में ज़िंदगी की इबादत के लेख लिख जाते हैं।
जी लेते है हर लम्हें को, क्यूं हम जीवन के साथ साथ मृत्यु को गवाते है।।

2

इंसानियत

इंसानियत से बड़ा कोई धर्म नहीं होता |
बेज़ुबान से बड़ा किसी का दर्द नहीं होता ||
....
वो नन्ही चिड़िया घोंसला जब बनाती है |
नन्ही सी चोंच में तिनके हजार उठाती है |
तिनका तिनका रख घर बनाती है
अंडा रख उसे सेत बच्चे की उम्मीद लगाती है |
फिर कोई अंडा फूट उसमे से मुस्काता है |
कोई वही दम तोड़ रह जाता है ||
....
उससे पूछो दर्द की दास्तान वो बताती है |
बेज़ुबान से ज्यादा उस वक्त किसकी जान जाती है ||
फिर दर्द समेट उस बच्चे को हर मौसम बचाती है |
धूप ठण्ड आँच पानी से लड़ना सिखाती है |
उड़कर बादलों में फडफडाना बताती है |
बादलों में अठखेलियाँ खिलाती है |
उस वक्त कोई उसका हमदर्द नहीं होता |
मूक से बड़ा किसी का दर्द नहीं होता ||

3

मैं पैसा हूं...

मैं पैसा हूं...
....
मैं नमक की तरह काम करता हूँ|
हर जगह नमक की तरह पलता हूँ|
मेरी मौजूदगी स्वाद बना देती है|
और हो जाए ज्यादा तो सब बिगाड़ देती है||
.....
मैं पैसा हूं...
......
मैं भगवान नहीं हूं|
पर लोग मुझे भगवान से कम नहीं मानते|
पूजते है मुझे|
मुझसे आगे किसी को ना जानते||
.....
मैं पैसा हूं...
......
पैसा कहता है-
सुन मेरे बिना तो जग भी सूना बैठा है|
सब ऐसे ही ऐठा है|
तू मुझे ऊपर नहीं ले जा सकता है|
पर मेरे रहते तू बहुत ऊपर जा सकता है||
.....
मैं पैसा हूं...
......

जब तक मैं हूं|
तू सब के दिल का हमराज़ है|
सब तेरे रिश्तेदार है|
तो कहीं कुछ तेरे अपने भी तुझसे नाराज है||
.....
मैं पैसा हूं...
......
वैसे तो हूं एक कागज का टुकड़ा|
पर मैंने सबको अपने हिसाब से है जकड़ा||
मैं निर्धारित करता हूं|
लोग कितनी इज्जत देगे तुम्हें ये सिर्फ मैं ही बता सकता हूं||
......
मैं पैसा हूं...
......
मैं ही सारे फसाद की जड़|
मैं ही पनपे फसादों का धड़|
फिर भी पता नहीं लोग क्यूँ पागल हो मेरे पीछे भागते हैं|
मुझे ही क्यूँ हमेशा मांगते हैं||
मैं पैसा हूं...
.....
जुबान नहीं है मेरी|
तब भी मैं करा देता हूं तेरी मेरी|
मुझे ना कभी किसी ने बोलता पाया |
पर सबकी बोलती बंद करने की जरूर मुझे ही वजह फरमाया||
.....
मैं पैसा हूं....

4

बहता है खून और खुशियां मनाईं जाती हैं

बहता है खून और खुशियां मनाईं जाती हैं,
हमारी बेटी वंश बढ़ाने लायक हो गयी है,
कुछ इस तरह बात बताई जाती है|
......
है उस बहते हुए सुर्ख लाल रंग से वंश महफूस ,
क्या कभी कर सकते हो उस दर्द के एहसास को महसूस ?
बेआराम कैसे वो खुद को पाती है ,
पर किसी को बताने में हिचकिचाती है||
....
उसके लिए उन दिनों क्यों मंदिर मस्जिद के कपाट अवरुद्ध है,
जन्म यही देती हैं तो क्यों ऐसे समय में समाज उनके विरुद्ध है?.
दुनिया बनाने वाली माँ के जब तुम भक्त हो,
तो जन्म देने वाली माँ के लिए कैसे इतने सख्त हो?
....
क्यों ऐसे तिरस्कृत किया जाता है,
क्यों खाना तक दूर से खिसका दिया जाता है?
क्यों उस पीड़ा को नज़र अंदाज कर दिया जाता है?
ये ख्याल मन को झंझोर जाता है||
ये ख्याल मन को झंझोर जाता है,
ये ख्याल बार बार मन में आता है||

5

मौत है मंजिल, जिंदगी है रास्ता

मौत है मंजिल,
जिंदगी है रास्ता|
यही है जिंदगी और मौत का वास्ता||
....
मौत की तलाश में जिंदगी जिए जा रहे हैं|
मौत के लिए कभी खुशी तो कभी गम के घूंट पिए जा रहे हैं|
सजा रहें है जिंदगी को ऐसे|
मौत कभी आएगी ही नहीं जैसे||
.....
पर... मौत है मंजिल, जिंदगी है रास्ता|
यही है जिंदगी और मौत का दास्ताँ||
.....
रास्ते से वास्ता निभा रहे हैं|
ये रास्ते ही तो जिंदगी जीने का सलीके सीखा रहें हैं|
तो क्यूँ नहीं रास्तो पर तमन्नाओं के दिए जलाते हैं|
इन्हें जगमग कर कुछ यादगार बनाते हैं||
......
क्योंकि... मौत है मंजिल, जिंदगी है रास्ता|
यही है जिंदगी और मौत का वास्ता||
......
अजीब ये अनहोनी है.. मौत जिंदगी की होनी है|
तो क्यूँ बैठ कर मौत का गम मनाते है|

मौत को भी क्यूँ नहीं जिंदगी की तरह सजाते हैं||

......

क्योंकि... मौत है मंजिल, जिंदगी है रास्ता|
यही है जिंदगी और मौत का वास्ता ||

6

जिंदगी और मौत

जिंदगी और मौत के बीच झूलती हुई जिंदगी को चुना मैंने।
मौत के पल पल करीब पहुंच जिंदगी को बुना मैंने।

......

लम्हें कम थे, पर थी कुछ हसरतें।
हसरतों को आगे पाया मैंने।
दिल से दिल का रिश्ता निभाया मैंने।
खुदको खुद से मिलाया है।
मौत से पहले मैंने जिंदगी को पाया है ।।

.....

हर लम्हा मुस्कराया और रोते हुए हर पल को हंसाया।
रूठे हुए को मनाया,
जिंदगी के हर रिश्ते को अंतिम लम्हा मान जी जान से निभाया।।

......

कभी खुदको भूल सबको मनाया,कभी सबकी खुशी में खुदको हंसाया।
ऐसे खुद से खुद का रिश्ता निभाया है मैंने ,
खुद से खुदको ही पाया है मैंने।।

....

कभी रूठ जाना, कभी मनाना।
कुछ ऐसा बताया है लोगों ने मुझे।
अपनों में अक्सर पाया है मुझे।
रूठ जाऊँ तो बात थोड़े मे भूल जाती हूँ।
कोई दिल भी दुखाए तो चल छोड़ कह खुद को बहलाती हूं।।

....

अक्सर ऐसे कह मैं खुदको मना लिया करतीं हूं।

खुदगर्ज नहीं हो सकती हूं इसलिए खुदको अक्सर समझा लिया करती हूं।।

....

जानवरों को इंसानों से पहले माना है..
इंसान तो अपनी बात बोल बता देते है,
जानवरों का दर्द ना किसी ने जाना है।
इंसानियत मेरी पहले है अपनी जान को दूजा मान लिया करती हूं।
खुद से खुद का रिश्ता मै जान लिया करती हूं।
इंसानियत हाथों में लिए इंसान को अक्सर पहचान लिया करतीं हूं।।

7

वाह रे जमाने

वाह रे जमाने तेरी भी क्या बात है|
जब असलियत पर आती बात है तो दिखाई तूने औकात है||

....

जिस बेटी की आबरू पर किसी ने हाथ डाला था,
उससे ना हमदर्दी थी||

....

बताकर इज्जत जीने भी ना दिया उसे|
बता जमाने कहा उसकी गलती थी||

......

लूट इज्ज़त को बताई उसकी ही गलती थी|
बता जमाने कैसी ये बेदर्दी थी||

......

बेटी की मोहब्बत पर हजार सवाल उठाए जाते हैं|
इज्जत उछाल रही है इस तरह बड़ा चढा कर बताए जाते हैं||

.....

बेटे से ना कोई शिकायत होती है|
वो बलात्कार करके भी आता है|
तो क्यूँ पूरा खानदान उसकी जमानत में जुट जाता है||

....

माँ बाप ने जिस बेटी को नाजो से पाला है|
वंश बढ़ाने को विवाह कर उसको दूर खुद से कर डाला है||

....

फिर उसकी बेटी होने पर क्यों मार कर फेंक दिया|
और बेटा नहीं हुआ तो सिर्फ लड़की को ही क्यों दोष दिया||

......

बता जमाने कैसा ये बेदर्दी का मंजर है|
दिल ये देख हो रहा जर्जर है||

8

आसान नहीं होता एक लड़की होना

आसान नहीं होता एक लड़की होना..
दूसरों के लिए अपना अस्तित्व खोना..
सर बुलंदी छूते हौसले मार कर सोना..
आसान नहीं होता एक लड़की होना |
......
कभी खुद टूट रोना पड़ता है..
कभी दिल के अरमान आंसुओ में भर तकिया भिगोना पड़ता है..
कभी इज्ज़त के नाम पर अभिलाषाओ को डुबोना पड़ता है..
मुश्किल होता है अपनी आंखों में दूसरों के सपने सजोना..
आसान नहीं होता एक लड़की होना ||
....
इतने साल जन्म ले एक जिंदगी जीना..
और फिर दूसरे घर जा, नए जीवन के धागे मे उम्मीद के मोती पिरोना.
. रिश्तों के लिए अपनी सोच को बदलना पड़ता है..
लड़की होने का हर फर्ज अदा करना पड़ता है|
....
आसान नहीं होता एक लड़की होना..
रिश्तों के लिए अपनी पहचान अपना अस्तित्व खोना ||

9

पिता

जिनके बिना अधूरी है जिंदगी की दास्तान..
एक ऐसा नाम है वो ...
ईमान है वो...
खिलती हुई मुस्कान है वो ..
जिनके बिना जीवन की कल्पना भी नहीं की जा सकती है,
एक ऐसा सारांश है वो ..
भगवान का दूसरा नाम है वो..
धूप छाँव में जो ढाल बन जाते हैं..
हर मुश्किल में जो साथ निभाते हैं..
नारियल सा जिनका प्रेम है..
दिया ईश्वर ने उन्हें हमें भेंट सप्रेम है..
जो जनक जन्मदाता कहलाये..
दुनिया उन्हें प्यार से पिता बुलाए||

10

माँ

भगवान के बाद जिनका नाम आता है ...
कदमों में जिनके जन्नत का मुकाम आता है ...
ऊपर वाले की बनाई वो रचना है ..
मानव शरीर की वो सरंचना है ..
दुनिया में जो हमें लायी है ..
भगवान ने उन्हें माँ के रूप में पहचान दिलाई है||
वह माँ ही है जो प्यार जताती है..
जी भर दुलार लुटाती है..
जिसने ना कभी अपने बच्चों में भेदभाव किया..
सबको अपनों सा दुलार दिया||
लिखे तो शब्दों में बखान नहीं..
माँ बराबर दुनिया में किसीका स्थान नहीं||

11

सोनपरी

पापा की वो सोनपरी जब दुनिया में आई|
माँ पापा ने राजकुमारी कह उसे दुनिया से मिलाई|
राजदुलारी सी वो भाई बहनों साथ खिलखिलाई|
बडी हुई राजकुमारी अब बारी उसके विवाह की भी आई||

....

घर आँगन छोड़ नए घर उसको जाना था|
माँ बाबुल के अलावा अब उसका एक और घराना था|
उसको जिम्मेदारियाँ भी निभानी थी|
उस नए घर में खुशियां भी अब उसको ही लानी थी||

....

माँ बाबुल ने प्यार से समझाया था|
बेटा वो तेरा ही घर है, सब तेरे अपने है ऐसा बताया था|
हमारे साथ वो भी तेरे माता पिता है|
सब एक समान समझना, कभी ना आने देना द्वेष|
इस बात का ख्याल रखना विशेष||

....

पर ये क्या होनी थी, शायद ये अनहोनी थी ०००
जहाँ में पली बढ़ी आज वो घर मेरा पराया था|
मेरा घर बात भी करना ज़ुल्म सा बताया था|
कहते थे घर तोड़ रहे वो जिन्होंने मेरा घर बसाया था||

....

क्यूँ बेटी के मायके को इस तरह दिखाया था|
वह ससुराल में सबको एक समान समझ कर गयी थी|
प्यार बांटा सबको, ना वो पाया था जो माँ बाबुल ने समझाया था||

....

सोच रही थी वो, क्यूँ ऐसा होता है|
घर की राजदुलाई को दूसरे घर जाना होता है|
वह सब छोड़ आई यह क्या कम था, जो तुमने ऐसे आरोप लगाए है|
मुझसे पूछो ये खंजर मेरे दिल में कैसे समाये है||

....

पति से पूछा उसने◦◦◦
क्या तुम्हारा कभी तुम मेरे खातिर माँ पापा को छोड़ सकते?
क्या उनसे रिश्ता तोड़ सकते हो?
ना ज़वाब है अब तुम्हारे पास..
कहा गए अब तुम्हारे वो लफ़्ज़ खास!

......

मैं तुम्हारे लिये अपना घर छोड़ कर आई|
पर तुम ये कैसे भूल गए मैं हूँ आज भी मेरी माँ की ही परछाई |
कैसे रह रह लूँ मैं उनके बिन| जिनमें है मेरी आत्मा समाई ||

......

माँ बाप की बेटी होने का फर्ज निभा रही हूँ|
मत समझना मैं इसे कर्ज बता रही हूँ||

12

खूबसूरती मौत की

एक बेहद खूबसूरत चीज बनाई भाग्यविधाता ने|
मौत का नाम दिया उसे जगतदाता ने||
....
ना जिस मे कोई भेद दिखाया|
हर धर्म हर जात को पास पास जलता पाया|
ना किसी से रंग का मतभेद था|
ना किसी को चिता पर पैसे का खेद था||
......
एक बेहद खूबसूरत चीज बनाई भाग्यविधाता ने|
मौत का नाम दिया उसे जगतदाता ने||
.....
फिर ये अमीरी गरीबी का किस्सा आम हो गया|
जब श्मशान में साथ जलता इंसान हो गया|
पंडित भी वैसे ही जल रहा था आज आग की लपटों में|
जैसे कभी उसकी भी ना गिनती थी भक्तों में||
......
एक बेहद खूबसूरत चीज बनाई भाग्यविधाता ने|
मौत का नाम दिया उसे जगतदाता ने||
....
नीच जात का कह कभी जिसने मन्दिर से उतार दिया|
आज उस विधाता ने उसका भी इन्साफ किया||
चिता की ख़ूबसूरती आज ऊपर वाले ने दिखाई थी|
पास लेती चिता से ना कोई बैर था ना आज किसी के पास बैर की कोई वजह पाई थी||
......

एक बेहद खूबसूरत चीज बनाई भाग्यविधाता ने|
मौत का नाम दिया उसे जगतदाता ने||

....

एक गरीब छोटी जात वाले व्यक्ति की लाश ने व्याख्यान किया॰॰
जब मैं दुनिया में आया था|
ना तब मैंने किसी को जाना था|
फिर धीरे धीरे अमीरी गरीबी जात को मैंने पहचाना था||
आज मेरे परमात्मा ने मेरे साथ भी इन्साफ किया|
उनके साथ मुझे लिटा कर मेरे ऊपर से तुच्छ का नाम भी साफ किया|
ना कोई भेद हुआ अब जाने में|
वही हालत थी आज जैसे आए थे जमाने में||

13

स्त्री

औरत की कोख से जन्मा है संसार सारा|
फिर क्यूँ उसके लिए इज्जत की हकदारी नहीं है गवारा|
कैसे भूल जाता है ये संसार सारा|
औरत से ही तो जन्मा ये जगत हमारा||

....

जब उससे ही जन्मे हो तो क्यूँ नहीं उसे जानते हो|
वही है जननी तो क्यूँ नहीं मानते हो|
क्यूँ हवश भरी नजर से निहारते हो|
क्या लगता है ऐसा कर तुम खुदको संवारते हो||

....

जिन अंगों को देख तू हैवान हो जाता है|
मत भूल, एक से तू आता है और दूसरे से तू पाला जाता है||

....

उसकी कोख से आता है रोता बच्चा बेचारा|
लगा आंचल से दुग्ध पान वो कराती है|
तू भूल जाता है वो माँ है किसीकी|
तेरी माँ के ओदे में वो बराबर आती है||

....

वह जगत जननी, वह धात्री है|
वह अंबा है उससे दिन और रात्री है||

14

आडंबर

मरने के बाद मेरे लिए एक अलग ही दिखावा हो रहा था|
जैसे एक खेल के दरमियान मैं सो रहा था||

....

प्यार से मुझे जगाया जा रहा था|
मुझे बहुत चाहते हैं वो, ऐसा बताया जा रहा था||
भरपूर प्यार लुटा रहे थे आज वो भी|
जिनके कारण आज मुझे मरण शैय्या पर सुलाया जा रहा था||

....

जो मुझे देख फूटी आँख कभी भाते न थे|
आज मुझे उनकी जान का टुकड़ा बताया जा रहा था||
जो कभी बोलते भी ना थे, आज..
उनके द्वारा मौत के शैय्या पर सोया मुझे उठाया जा रहा था||

....

कैसी अजीब ये घड़ी थी|
हर किसी की आँखों में आज मेरे लिए नमी थी|
यकीन करना मेरे लिए आसान नहीं था|
जैसे वो मेरे लिए अब श्मशान नहीं था||

......

हमेशा के लिए मेरा सोना इतना हसीन हो रहा था|
जब मैं उस शैय्या पर सो रहा था||

....

वो घड़ी भी आयी थी|
जब लोगों ने मुझे जलाने की आजमाइश जताई थी|
होड़ हो रही थी ऐसे मुझे जलाने की|

जैसे बोझ समझ रहे हो मुझे जमाने की||

....

एक वक्त वो भी आया|
जब मेरी चिता में आग मेरे किसी अपने ने लगाया||

....

देख कलेजा छारछार हो गया|
जब मैंने देखा मैं अपनों के लिए मैल हो गया|
बडी सफाई दिखा रहे वो|
तन से अपने मैल का कतरा कतरा हटा रहे थे वो||

....

सर्दी थी कुछ अपनों ने मेरी ही चिता से हांथ लिए सेख|
दिल मेरा छन्नी हो गया ये देख||
चुप छाप लेता सब का अस्ल चेहरा पहचान लिया|
आज मैं अपनी उन अंतिम घड़ियों में औकात सब की जान लिया|

15

मौत

मौत किसी के वश नहीं,
मौत पर कोई शक नहीं....
......
मौत भाग्यविधाता का विधान है,
ये जीवन उसका ही वरदान है
हमारे हाथ कुछ नहीं,
समय चक्र से चलता संविधान है ||
....
मौत से बढ़कर कर्म है,
कर्म ही शाश्वत धर्म है,
कर्म ही तेरे साथ है,
मौत के बाद बस तेरा कर्म पर ही अधिकार है||
....
कर्म तू करता चल,
धर्म के रास्ते बढ़ता चल,
मौत भी तुझे आसान नजर आएगी,
कर्म ही एक दिन तेरी नैया पार लगाएगी||

16

नारी

जो लोग मानते है नारी को अंधकार|
सुन लो नारी से ही चलता है संसार||
....
जिनको लगता है नारी ना कुछ कर पाती है|
तो जान लो वो तुम जैसों का वजन नौ महीने अपनी कोख में उठाती है|
सारी हड्डियाँ टूटने से भी ज्यादा दर्द सह वो तुम्हें दुनिया में लाती है|
जान हथेली पर रख तुम्हें दुनिया दिखाती है||
....
जो लोग मानते है नारी को अंधकार|
सुन लो नारी से ही चलता है संसार||
.....
क्या कर्ज तुम कभी उसका उतार पाओगे|
थू है तुम जो ऐसी सोच रखते हो|
तुम तो उसके सामने एक पल भी ना टिक पाओगे||
......
जो लोग मानते है नारी को अंधकार|
सुन लो नारी से ही चलता है संसार||
.....
ब्रह्मवादिनी वेदज्ञ ऋषि मैत्रेयी ने जो बताया था|
उससे ना कोई सीख ली तुमने, ना तुम्हें कोई ज्ञान आया था||
....
पर मत भूलो सावित्रीबाई फुले ने ही इस दुनिया में ज्ञान का झंडा फैलाया था|
मत भूलो एक नारी की रक्षा के लिए महाभारत मे
स्वयं श्री कृष्ण ने आंचल फैला उसकी इज्जत को बचाया था||

......

जो लोग मानते है नारी को अंधकार|
सुन लो नारी से ही चलता है संसार||

......

पर कहाँ तुम्हें ये सब बातें नजर आती है|
तुम जैसों को तो वीरांगना रानी लक्ष्मीबाई की तलवार समझ आती है|
जो सामने से तुम जैसों के छक्के छुड़ाती है||

......

जो लोग मानते है नारी को अंधकार|
सुन लो नारी से ही चलता है संसार||

.....

अनुच्छेद 14 के तहत भारत का संविधान भी नारी को समान अधिकार दिलाता है|
अनुच्छेद 15 (1) के तहत राज्य द्वारा कोई भेदभाव नहीं करने का विश्वास कराता है|

....

ना तुम कभी उसे परखने की गलती करना|
अन्यथा तुमको ही भुगतान पड़ेगा भरना||

......

जो लोग मानते है नारी को अंधकार|
सुन लो नारी से ही चलता है संसार||

.....

17

जिन्दगी है इसी पल में,जी लीजिए।

जिन्दगी है इसी पल में,जी लीजिए।
फिर मत कहना, जहर है बस पी लीजिए।

....

सांसे ले जा रहीं हैं मौत के करीब।
फिर ना कहना है क्या कोई तरकीब।।

....

कब तक की हैं ये बेचैनियाँ ।
कोई न जाने ये अटखेलियां।

......

सुकून है जहां वो पल है मौजूद।
फिर क्यूं ढूंढते हो जहां तहां।।

......

जिन्दगी है इसी पल में,जी लीजिए।
फिर मत कहना, जहर है बस पी लीजिए।।

.....

चैन जो तुम मांगते हो।
क्यूं नहीं साथ बैठ एक दूसरे को जानते हो।

......

आओ बैठो पास कुछ लम्हें साथ बिताते हैं।
कल की तो खबर है नहीं।
आज ही कल के हिस्से को जी कर दिखाते है।।

......

जिन्दगी है इसी पल में,जी लीजिए।
फिर मत कहना, जहर है बस पी लीजिए।।
तोड़ सारे बंधन ख्वाइशों को जी लीजिए।
सपनो को उड़ान भर आसमान में दिखने दीजिए।
लहराकर दामन समेट इन्हें हथेलियों से आज मुक्त होने दीजिए।
....
मन में ना हो बोझ,दिल में न हो भेद।
लम्हों का पता नहीं , सांसों में है जैसे छेद।।
जिन्दगी है इसी पल में,जी लीजिए।
फिर मत कहना, जहर है बस पी लीजिए।।

18

समाज में नारी के प्रति सम्मान जगाओ|

समाज में नारी के प्रति सम्मान जगाओ|
नारी को अधिकार दिलाओ|
नारी का मान बढ़ाओ|
वक्त आ गया है अब तुम नारी का अभिमान बढ़ाओ||

....

बेटे बेटियों में भेदभाव को ना जगाओ|
अपने बेटों को बचपन से नारी सम्मान करना सिखाओ||

......

यदि पत्नी के रूप में सीता सी मर्यादा चाहते हो|
तो खुद को भी मर्यादा पुरुषोत्तम श्रीराम बनाओ||

....

पुरुष प्रधान समाज में नारी को भी बराबर का अधिकार दिलाओ|
है यदि वो काबिल|
तो उसे भी बेटों के तरह अग्रसर होने का मार्ग दिखाओ|
उसके उन्नती के परचम लहराओ||

....

यदि उसने घर को लिया सम्भाल|
तो कहते हैं, नहीं है ये कोई कमाल|
पर जब उस नारी ने झाँसी की रानी लक्ष्मीबाई बन अंग्रेजो के छक्के छुड़ाये|
तब ये दुनिया वाले नारी की हिम्मत का अंदाजा लगा पाये||

....

नारी को समान समझने की गलती ना कर|

तेज भरा है उसके रग रग|

......

यदि नारी संसार का मान बढ़ाती है|
तो वह महाकाली सा रुद्र रूप रख दुष्टों का संहार मे देर कहा लगाती है||

19

हमें अकेले ही चलने दो....

कुछ पल कुछ लम्हें जीने दो...
अकेले चलने दो...
अकेले पग भरने दो...
अगर लडखडा कर गिर भी गए तो क्या हुआ..
हमें खुद से फिर उठकर चलने दो...
तमाम उम्मीदें लिए आगे बढ़ने दो...
हमें अकेले ही चलने दो....
हमे पग भरने दो....
क्या हुआ जो कहीं ठहर गए..
ना बड़े कदम.. .
रुक वहीं एक पहर गए..
फिर उठ खड़े होगें ये एहसास मन में भरने दो..
हमें अकेले ही चलने दो....
हमे पग भरने दो....

20

तेजाब

ये तेजाब ने ना जाने कितनी ली है जानें,
ना जाने कितने ही मंजर टूट गए,
चमड़ी पिघली बदन से,
सिर्फ वो ही जानती है कैसे दर्द में तड़पता देखकर भी सब उससे रूठ गए|

....

दर्द के एहसास बयान करे, तो आंसू बहते थे,
जब दर्द से वो तड़प रही थी,
तो तमाशा देख सब खड़े रहते थे|

.....

अस्पतालों में बाल्टी भर भर पानी उस पर डाल दिया,
दर्द से कराह रही थी वो,
पिता को जब लगाया गले,
एहसास ए दर्द से छटपटा रही थी वो,

....

पिघली चमड़ी टपकी, पिता की कमीज़ से जा चिपकी,
कैसे बताए माँ के दामन से वो कैसे लिपटी|

....

एसिड अटैक वालो से पूछो, क्या उन की आप बीती है,
कितना दर्द और गुस्सा है आज भी उनके सीने में,
उसे दफन कर कैसे वो जीती है|

21

तू बन काबिल,तू बन शक्तिशाली,

क्या कर रही है तू,
खुद से ही क्यूं लड़ रही है तू,
क्यूं ऐसा कर रही है तू,
दूसरों के किये का खामियाजा क्यूँ भर रही है तू??
....
तेरी आबरू पर आज आंच आई है,
तो तू ही इसे बचाएगी ,
उठ हिम्मत कर, खड़ी हो,पलट वार कर,
तेरी हिम्मत ही आज इन मंचलो को सबक सिखाएगी,
....
उठ ललकार दे आज उस इंसान को,
ताकि वो जान पाए एक नारी के सम्मान को,
तू क्यूँ ग्लानि करती है,तेरा क्या इसमें दोष है,
ये बलात्कारी को तू देगी सजा खुद अपने इन हाथों से,
तू तो निदोष है ।।
....
तू न बन सहनशील, बन जा काली,
उठा त्रिशूल,और कर दे इन बलात्कारियों को खाली,
मत बन लडकी मतवाली,
तू बन काबिल,तू बन शक्तिशाली,
जिससे लोगो को पता चल जाए,
एक नारी अकेली ही कर सकती है अपनी सुरक्षा

और अकेले ही है इन सब पर भारी।।

....

नारी को गलती मत कर समझने की बेचारी,
वह नहीं है अबला,
तू समझ के चल चंडी,
उसके साथ हिम्मत भी की कुछ गलत करने की,
तो समझ लेना जल जाएगी तेरे कब्र की हंडी ||

22
नारी अद्र्ध रूप भगवान

नारी शक्ति है,
नारी सम्मान है,
नारी अद्र्ध रूप भगवान हैं,
तुम होते कौन हो उसका अपमान करने वाले,,
जिसे भगवान ने स्वयं अपने धड़ में दिया आधा स्थान है||
......
स्वयं से जिसने भगवान को पूर्ण किया||
खुद को भी सम्पूर्ण किया|
प्रभु की लीला वो अपरंपार है|
जिसमें नारी से हुआ सम्पूर्ण संसार है|
.....
मन में उसके लिए सम्मान जगाएं|
भगवान भी जिसके सम्मुख शीश झुकाए||
....
नारी शक्ति है,
नारी सम्मान है,
नारी अद्र्ध रूप भगवान हैं||

23

सजावट बनावटी

बातों में बनावट,
तो कहीं आचरण में मिलावट है|
अंदर सबके अंधेरा है,
बस बाहर ही सजावट है |
....
मन में मैल पाले है|
दिखाते सबको अपना है|
अस्ल में सब दिल से काले है|
मुसीबत के वक्त दिखाते असली रंग अपना है||
....
इस सजावट में वो सब भूल गया|
ना कोई दिखता अपना पराया है|
यही बनावट की सजावट है|
तभी तो कहते हैं आचरण में मिलावट है||
......
बातों में बनावट,
तो कहीं आचरण में मिलावट है|
अंदर सबके अंधेरा है,
बस बाहर ही सजावट है |

24

कर्म

कर्म कर,
तू बस तेरा कर्म कर,
उसी पर बस अधिकार है,
तू उसी का प्रत्यन कर ||
....
फल की अभिलाषा छोड़ ,
तू बस अपना कर्म करता चल,
अर्जुन की तरह कृष्ण खुद तुझे रास्ता दिखाएंगे,
तू बस उनके पदहयचिन्हों पर चलता चल ||
....
छोड़ ये जिज्ञासाओं के मोड़,
रिश्तों की मजबूरियों को तोड़,
बेड़ियों से आगे बढ़....
कर्म कर,तू बस अपना कर्म कर..
उसी पर बस अधिकार है, तू उसी का प्रत्यन कर ||

25

मुक्ति

क्या है मुक्ति , विमुक्ति या विमोक्ष ,
जन्म और मरण के बन्धन से छूट जाना ही है मोक्ष ||

....

धर्म पर मिलता है स्वर्ग में स्थान |
कर्म ही कराते हैं उस ओर प्रस्थान |
मत्यु बाद आत्मा करती है बैकुंठ में वास |
स्वर्ग ही होता है उस समय उसका निवास ||

....

वैदिक मान्यतानुसार मोक्ष की अवधि 30नील10खरब 40अरब ज्ञात है|
इसमे जीवात्मा जन्म मरण से लम्बी अवधि का अवकाश ले, ईश्वर के सान्निध्य में व्याप्त है |

......

सब त्याग जब एक जीवात्मा वैराग्य पाती है |
ईश्वर उपासना, ध्यान, समाधि सहित यज्ञ आदि कर ईश्वर साक्षात्कार में प्रवृत्त हो जाती है |

......

क्या है मुक्ति, विमुक्ति या विमोक्ष,
जन्म और मरण के बन्धन से छूट जाना ही है मोक्ष ||

26

वक्त के साथ रंगों में भी सहानुभूति है

कैसी ये अभिभूति है,
वक्त के साथ रंगों में भी सहानुभूति है...
.....
रंग काला कहीं अभिशाप बताते हैं,
दूसरी तरफ माँ काली की पूजा कर उनका मान बढ़ाते हैं।।
....
एक काला रंग पहन कोई विधवा हो जाता है,
तो कोई काला मंगलसूत्र पहन सुहागन बन जाता है।।
....
चेहरा काला हो तो लोग नुक्स जताते हैं,
और काले में सांवला हो तो कृष्ण बताते हैं ।।
......
लोग कहते हैं काले पर कोई रंग नहीं चढ़ता है
पर उस काले रंग पर पढ़कर ही एक बच्चा इतिहास गढ़ता है ।।
कैसी ये अभिभूति है .. वक्त के साथ रंगों में भी सहानुभूति है।।
......
कैसी ये अभिभूति है,
वक्त के साथ रंगों में भी सहानुभूति है...

27

दहेज

दहेज .. क्या सजा सकते हो
इससे अपने खुशियो के सेज ??
अगर हो जाए उद्धार,
तो करा लो सत्कार ..
....
लड़के के जन्म को मान समझते हो..
उसकी शादी में भीख ले उसे अभिमान समझते हो|
लडकियों की पैदाइश अभिशाप मानते हो..
और उससे मिलने वाले दहेज को शान मानते हो||
......
तुम्हारी वज़ह से ना जाने कितनी जान दहेज के आग में जलती हैं,..
पल पल घुट घुट कर अपना जीवन बसे करतीं हैं..
क्रूरता दिखाने वालो को क्यूं नहीं है खौफ..
क्या वह नहीं जानते उनके वजह से हर घंटे होती है एक बेटी की मौत||
....
आओ आज मिलकर ले एक संकल्प..
ताकि हमारी बेटियों को भी मिल सके विकल्प..
जड़ से उखाड़ फेंकते है ये कुरीति..
जिससे भविष्य में फिर कभी ना बने ऐसी कोई नीति||

28

जो दिल को भाये उसको चुनो

जो मन में आए उसको बुनो..
जो दिल को भाये उसको चुनो..
......
मन का कभी खाया नहीं?
जहन में जो आया क्या कभी उसको गुनगुनाया नहीं?
फिर क्यूँ खुद को सताते हो?
इतना सोच कर क्यूँ कदम बढ़ाते हो..
......
आगे बढ़ने में क्यूँ घबराते हो?
क्यूँ खुद को ही समझाते हो.....
....
अपने दिल की सुनो..
जो मन में आए उसको बुनो ..
जिसको दिल चाहे उसको चुनो ||

29

संसार

हँसी... वो खिलती हुई खुशी,
गम... मिले पैमानों से कम |
प्यार... हो भरपूर इज़हार,
बस इन्हीं से चले संसार ||

......

हो ना कोई इरादा,
चलते जाए फ़साना,
मन भर खुशियां ना था जिनका इंतजार,
बस इन्हीं से जो ख़ुशनुमा संसार||

....

ना मंजिल का पता हो,
ना रास्ते का हो ठिकाना,
बस लगे अपनों के साथ चलते जाना,
बेहतरीन हो सफर- ए-इजहार|
बस इन्हीं से चले संसार||

....

दिल्लगी का हो बहाना,
कुछ सुनना कुछ सुनाना,
मिले सफर में खुशियां हजार,
बस इन्हीं से चले संसार||

30

छोटी उम्र का बड़ा तजुर्बा कहता है

छोटी उम्र का बड़ा तजुर्बा कहता है,
बिना वजह किसी का देखना भी खटकता है।।
अपनों के कर्मों की सजा जब मिलती है,
तो पहचान भुला एक आम इंसान बन जीने को मन करता है।।
....
अपने भी भेदभाव की पराकाष्ठा पर उतराते हैं,
ऐसे दुर्लभ समय में भी एकांत छोड़ जाते हैं,
अन्नुतर प्रश्न कर सब के सामने अपमान की सूली चढ़ाते हैं,
और फिर महान बनने का आडम्बर रचाते हैं।।
......
भूले नहीं बोलती वो वाणी ,
अपनों ने कैसे उपहास बनाया था,
कैसे एक व्यथित व्यक्ति के प्रकाश पुंज को आकाशदीप बना उड़ाया था,
कैसे सालों तक तमिस्रा सा छाया था,
उस तमिस्रा में अपनी ही खुशी का मकबरा पाया था ।।
....
छोटी उम्र का बड़ा तजुर्बा कहता है ,
बिना वजह किसी का देखना भी खटकता है ।।

31

जीत

हे मंजिल के मुसाफिर !
उठ खड़े हो ऐसे ना मान तू हार ...
तेरी होगी जीत,
तू करेगा लक्ष्य को पार..
....
माना के रास्ते जटिल हैं,
पर मंजिल है खास..
उठ मंजिल के मुसाफिर..
तू कर फिर प्रयास..
....
मन में जगा फिर एक बार आस..
होगा तेरे जीवन का वो दिन खास..
.....
लगा दे जी जान,
जीत चलकर आएगी तेरे पास.
जीत चलकर आएगी तेरे पास।।

32

ईष्या

ईष्या जब जब मन का द्वार खटखटाती है,,
रिश्तों की मर्यादा तोड़, सैलाब ही लाती है।
......
ईष्या का नाम जब आता है,
सबसे पहले अपनो का दामन ही जलाता है।
अपने भी रंग बदलते देर कहां लगाते हैं,
आपका ही नाम हटा आपकी ही पहचान छुपाते हैं।।
....
ईष्या जहां जाती है,
मन को मैला करने में वक्त कहां लगाती है।
......
कुछ करना फिर सबको खल जाता है।
फिर सम्मान में भी अभिमान नजर आता है।
....
ईष्या का नाम जहां आता है,,
मन को मैला करने में वक्त कहां लगाता है।।

33

जिंदगी जब तू ताबूत में बंद होने वाली हो, थोड़ा ठहर जाना...
मुझे तुझसे कुछ कहना है...
मुझे एक बार फिर वही मां के बिछौने पर सोना है।।
....
जिंदगी जब तू नम आंखों से सबसे मेरी विदाई ले रही हो,
पल भर ठहर वहीं थम जाना...
मैं जानना चाहती हूं सबसे,
मेरे बिना अच्छा लगेगा उन्हें जिंदगी में रम जाना ।।
....
ज़िंदगी, जब उनकी नम आंखे आखिरी बार मुझे देखना चाहें,,
तो कुछ पल वहीं सिमट जाना...
मैं भी चाहूंगी अंतिम पल उनसे आंखें मिलाना।।
......
जिंदगी अगर ये मौत मुझे मेरे किसी अपने के वजह से नसीब हो.
तो थोड़ा सब्र खाना,,
शायद किसी अपने के हिस्से ही लिखा होगा मेरी कब्र बनाना ।

34

विधवा

विधवाओं का क्यों है यह हाल, क्या कोई बताएगा?
क्यों जिंदा लाश बनकर जीती है वह,
क्या कभी ये समाज उनकी वेदना समझ पाएगा?
क्या उनमें जान नहीं, क्या वह कोई इंसान नहीं?
......
पति के चले जाने में उनका कोई हाथ नहीं,,,
फिर क्यों किसी विधवा को लोग समझते इंसान नहीं?
कभी सती के नाम पर उन्हें जलाया जाता है...
तो कभी पति के गुजर जाने का कसूरवार उन्हें बताया जाता है...
तुच्छ व्यवहार कर उन्हें घर से निकाल दिया जाता है..
क्यों एक विधवा के साथ ऐसा सलूक किया जाता है..
.....
भगवान कृष्ण की भूमि वृंदावन पर भी उन्हें मरने के बाद क्यों नहीं है सम्मान?
लाशों को उनकी ऐसे बोरों में बहा कर, क्यों किया जाता है उनका अपमान?
एक तरफ देवी को पूजकर हम नारी को सर्वोपरि रखते हैं..
दूसरी तरफ उसी नारी को हम ऐसे तिरस्कृत करते हैं।
....
हे मानव! क्या सही है ये व्यवहार?
आखिर नारी ही तो है जीवन का आधार..
फिर पति के जाने के बाद विधवाओं को क्यों नहीं दिया जाता जीने का अधिकार।।

35

चार लोग..

चार लोग..
क्या कहेंगे 4 लोग,
क्या सोचेंगे 4 लोग...
कौन हैं ये चार लोग????
....
सारी ज़िंदगी जिनका सोच हम रह जाते हैं..
बुरे वक्त में वही अपना रंग दिखाते हैं||
....
क्यूं सोचते हम इतना है?
क्यूं खुद को खोजते हम इतना है?
......
बंदिशों में बांध खुद को क्यूं रुक जाते हैं?
क्यूं तमन्नाओं के दीए दिल में ही बुझ जाते हैं?
....
क्या वह 4 लोग हमारी जिंदगी में इतना महत्व पाते हैं?
फिर क्यूं हम अपनी जिंदगी उनके हिसाब से चलाते हैं?
....
जब जब आई कोई दुविधा है।
तब तब उनसे मिली न कोई सुविधा है।।
....
कहां गए विपत्ति में क्यों नहीं आते सामने हैं।
क्या अब नहीं इज्जत के पैमाने उन्हें आंकने हैं।
......
तोड़ दो ये बंदिशें, जी लो ये दिन...

न सोचो इन 4 की,सोच लो रह लेंगे हम इन बिन।।
ये वक्त ना वापस आएगा,
समय फिर ना इन चिरागों को जलाएगा..
....
कुछ घड़ियां अभी भी बाकी हैं,जी लो..
फिर ना ये वक्त यूं थम पायेगा।।

36

जानवरों से प्यार करें

ऐसा किरदार अख्तियार करें ..
जानवरों से भी थोड़ा प्यार करें ...
......
हमदर्दी की तरफ बढ़ाए एक कदम ..
शायद मिल जाए इन्हें एक नया जन्म ..
......
आपकी तरह इनका भी परिवार है ..
खुशियों से भरा एक छोटा सा संसार है ..
......
रोड पर चलते में रखे इनका ध्यान ..
दर्द ब्यान करने को नहीं है इनके पास जवान ..
......
कृपया इन पर इंसानियत बनाये रखे ..
ताकि इनके अपने कभी इनके प्यार को ना तरसे ..
....
ऐसा किरदार अख्तियार करे ..
जानवरों का थोड़ा ध्यान रखें .
जानवरों को भी प्यार करें..

37

जिंदगी तू कहाँ ले जा रही है

ये जिंदगी तू कहाँ ले जा रही है|
कभी कंकड में गिरा रही है|
तो कभी उठ खिलखिला रही है|
बता ना जिंदगी तू चाह क्या रही है??
....
अठखेलियाँ हजार खेलती है|
कभी रुक कभी चल बार बार बोलती है|
तू रूह चाह रही है,
या चैन मिटा रही है?
बता जिंदगी तू कहाँ ले जा रही है??
......
ना मौत आने देती है|
ना क़रार बता रही है|
ना सुकून में समाने देती है|
सुकून को पास आने देती है|
......
जिंदगी तू क्यूँ बहाने हजार बता रही है?
बता जिंदगी तू क्या चाह रही है??

38

निभा पाए जितने वचन उतरने ही लीजिए

शादी के कुछ फेरों को कम कीजिए|
निभा पाए जितने वचन उतरने ही लीजिए||
ले वचन क्यूँ अस्मत तार तार करते हो|
जो तुम्हारा है उसके लिए मंसूबे हजार रखते हो||

......

दूसरे की बेटी की भी इज्जत कीजिए|
खेलने का समान नहीं है वो|
इसकी शिक्षा हर बच्चे को दीजिए ||

....

शादी की पवित्र वेदी का सम्मान कीजिए|
जितने निभा पाए वचन उतरने ही लीजिए||
उसके अपमान से बड़ा ना कोई अपमान है|
कोई इस जहान में उस सा महान है||

......

कुछ फेरों को कम कर दीजिए|
जितना झेल पाए उतना ही पाप कीजिए||
शादी के कुछ फेरों को कम कीजिए|
निभा पाए जितने वचन उतरने ही लीजिए||

39

असलियत सिर्फ मौत पर जाकर खत्म होती है

समय बदल जाता है|
फिर बस खामियाजा में पूरी जिंदगी बसये होती है|
वक्त तो सिर्फ जरिया है समय को बदलने का|
असलियत सिर्फ मौत पर जाकर खत्म होती है ||

....

ना दरकार होती है|
ना तकरार होती है|
मोहब्बत भी उस वक्त बेशुमार होती है|
जब सामने हो मौत की घड़ी तो मन्नत भी हजार होती है||
वक्त तो सिर्फ जरिया है समय को बदलने का|
असलियत सिर्फ मौत पर जाकर खत्म होती है ||

.....

यादे भी बार बार आती है|
ये रह गया वो रह गया कह सताती है|
कोई छोड़ गया अब उसका भी ना मलाल है|
बस अब जा रहे हैं इसका ही हिसाब है||
वक्त तो सिर्फ जरिया है समय को बदलने का|
असलियत सिर्फ मौत पर ज़ाकर खत्म होती है ||

40

परिवर्तन ही संसार का नियम है

परिवर्तन ही संसार का नियम है|
जिसे तुम म्रत्यु समझते हो वहीं जीवन है ||

....

विराम का आव्हान ही विद्रोह का प्रतीक है,
पग वहीं जमता है जहाँ मन रमता है|

......

ये समय का विपरित है|
पर ये ही परिवर्तन का प्रतीक है ||

....

मन भी भ्रमण कर नए रूप में खुदको अवतरित करता है|
दिन भी खुदको संध्या मे परिवर्तित होता है|

......

अमावस का पूनम हो पूरा चांद बन जाता है|
पूनम का अमावस्या हो वही चांद आसमान में छुप जाता है||

......

स्वार्थ का आरोही हो जाता है प्रेम का अवरोही बन जाता है
ये संसार की विधि विधान है|

....

परिवर्तन ही संसार का सिद्धांत है||

......

रवि का उदय चंद्रमा की लालिमा को ढकता है|
एक बच्चा भी जन्म ले धीरे-धीरे बढ़ता है||

......

बड़ा हो वृद्‌घ अवस्था पाता है|
एक समय पर पंच तत्व मे विलीन हो जाता है||

......

परिवर्तन ही संसार का नियम है|
उसको पालन करना हर इंसान का धर्म है||

41

जज्बातों से भरी एक गुड़िया..

जज्बातों से भरी एक गुड़िया..

....

लोगों से अक्सर रूठ जाती हूँ।
कोई दिल अगर दुखाये तो टूट जाती हूँ।
अश्रु ना कभी किसी को दिखाती हूं।
चक्षुओ में चक्षुजल को छिपाती हूं।।

....

जज्बातों से भरी एक गुड़िया..

......

मन की बात को कभी आने ना देती सामने।
दिल में भले ही हो हजार मामले।
रह लेती हूँ किसी को बताए बिन।
चाहे बेचैनी में निकले कितने ही दिन।।

.....

जज्बातों से भरी एक गुड़िया..

......

उमड़ते सैलाब को थामना नहीं होता आसान।
रख अपने मन मे रहती हूँ कभी कभी परेशान।
खुद से बातें करती खुदको ही समझाती हूं।
यहां वहां का ध्यान दिला खुदको ही बहलाती हूं।।

......

जज्बातों से भरी एक गुड़िया..

......

रहती हूँ खुद से ही मस्त|
जिससे रहे मेरा हर दिन जबरजस्त|
ना किसी के होने खुदको तन्हा पाती हूँ |
मैं तो खुद को ही खुद का साथी बनती हूँ ||

....

जज्बातों से भरी एक गुड़िया..

....

पापा की प्यार को अपरम्पार मानती हूँ।
उनसे आगे तो किसी के प्यार को ना जानती हूँ।
आखिर मैं उन्हीं की तो रचना हूँ।
इंसानियत सिखाई उन्होंने मुझे,
सांचे मे डाल बनाई एक संरचना है।।

....

जज्बातों से भरी एक गुड़िया..

42

ये वक्त ना जाने किसे कहाँ लेकर जाएगा

कुछ है बाकी कुछ छूट जाएगा|
ये वक्त ना जाने किसे कहाँ लेकर जाएगा||
....
खुशनसीब होगा जिसे उसकी मंजिल मिल जाएगी|
बाकि मौत तो मंजिल सबके पास ही आएगी||
कोई रूठ उसको बाते हजार बनाएगा|
कोई रो रो घर भर जायेगा||
कुछ है बाकी कुछ छूट जाएगा|
ये वक्त ना जाने किसे कहाँ लेकर जाएगा||
....
कोई कुछ ना मिलने पर भी मुस्कुराएगा|
कोई सब मिलकर भी रोने में ही अपना समय बितायेगा||
....
वो वक्त भी हसीन होगा|
जब किसी को सब मिल जाएगा|
और कोई झूठी रोटी से भी पेट अपना भर खिल खिलायेगा||
....
कुछ है बाकी कुछ छूट जाएगा|
ये वक्त ना जाने किसे कहाँ लेकर जाएगा||

43

महाकाली

पार्वती, कामाख्या का रूप,
निवास स्थान सर्वत्र स्वरुप।
सर्व ग्रह व्याप्त, ॐ क्रीं कालिकायै नमः,
ॐ कपालिन्यै नमःमंत्र है पर्याप्त।
अस्त्र जिनका खड्ग अति भाये,
जीवनसाथी उनके महाकाल कहलाये।।

....

काल के नारी सुलभ रूप में हुई अवतरित।
महाकाली हैं सृजन, संरक्षण और विनाश की देवी प्रतिपादित।।

......

देवी के नौ रूपों में से है एक काली,
जिनसे खाये हर कोई भय,वह दुर्गा का अवतार महाकाली।।

......

पर माँ श्रृंगार में कैसी हैं ये शर्तें,
नौ दिन बिठा देवी को, नारी सर्जन नहीं कर सकती है,
ऐसा भी क्या जो एक देवी दूसरी देवी का श्रृंगार नहीं कर सकती है?

....

नारी को देवी जो मानते हो,
तो क्यूँ देवी अलंकरण के समय इस देवी स्वरुप को न जानते हो?
जब नारी का अंशुक गिरना है गलत,किसी मर्द के सम्मुख,
फिर कैसे किसी मर्द के द्वारा किया हुआ श्रृंगार ही माना जाता है प्रमुख,
एक नारी माता का सृजन ना कर पाती है,
हे माँ, ये दुनिया कैसी नीति अपनाती है।।

....

माँ काली के दर पर जब सब समान है,
तो क्यूं सर्जन के समय पुरुष को समझते महान हैं?
एक नारी ही जब जन्म देती है,फिर कैसे है वह अशुद्ध?
और अगर वह है अशुद्ध ,तो एक पुरुष कैसे है शुद्ध?
जन्म भी तो उसने नारी की कोख से लिया और हुआ बड़ा है,
फिर वो कैसे शुद्धि के नाम लिए आगे खड़ा है।
"माता ने कहा - जब मैंने ना जब भेद किया तुझे बनाने में,
तो तूने मेरे ही स्वरूप को कैसे पीछे कर दिया मुझे सजाने में||

44

मंजिल

दूर है मंजिल,
फासले भी गहरे हैं,
मिल पायेगा या नहीं,
आज भी कदम वहीं ठहरे हैं|

....

कहती है शाम,
वक्त कुछ लगेगा,
पर है जो तेरा,
तुझे जरूर मिलेगा|

....

निराश क्यूँ होता है|
जो तेरा है, मन मार लेने से वो नहीं खोता है|
उठ कदम फिर एक बार बढ़ा|
फिर देख जो तेरा है तू उसे साथ लेकर सोता है||

....

तेरा बोया हुआ तू ही कटेगा|
आज नहीं तो कल तू अपने कर्म खुद से ही बांटेगा|
क्यूँ तू घबराता है|
जो हिम्मत करता है मंज़िल को वही अपनी वही पाता है||

45

कोरोना

हे दुनियां के पालनहार!!
कैसी है ये मानव की हार।।
कर तू इसका संहार।।
ताकि बच सके तेरा ये संसार।।
....
दिखा अपनी दिव्य द्दष्टि।
ताकि बची रहे ये सृष्टि।।
कुछ तो कर विचार।।
जिससे दूर हो ये कोरोना रूपी विकार।।
....
लाशों का है मंजर कैसा,
लहरों से है ढका समंदर जैसा ।।
उड़ रहीं है लपटे ऐसे शमशानो में,
जैसे थोक के भाव होते हैं बाजारों में।।
......
इस विपत्ति ने आज फिर एक बात दिखाई है।
आज फिर मैने जिंदगी महंगी और दौलत सस्ती पाई है।।
....
हे प्रभु, हे दुनियां के पालनहार।।
लो अपना जगत।।
बचा लो अपना जहान।।

46

कोरोना (हवाओं में घुला ये जहर कैसा है)

हवाओं में घुला ये जहर कैसा है..
उम्मीदों को मारता ये पहर कैसा है..
दम घोट रहीं हैं ज़िंदगियां...
हवाओं का बदलता ये रुख कैसा है...
चिताओं से उड़ते धुएं का मंज़र ये कैसा है..
....
अपनो के पास मौत के बाद बैठ भी नहीं सकते,
मातम में फैला कसको का ये बेताब समंदर कैसा है।
सांस नहीं, दवा नहीं..असर नहीं, दुआ नहीं..
जेहन में चुभता ये खंजर कैसा है।।
....
खुदा से मांग रहें हैं दुआ जहान को बचाने की..
फिर से सजा पाए वो आशियां बसाने की..
ऐसा लगने लगा है मानो जान कुछ पल की मेहमान है जिंदगी के झूले में..
कुछ पल और जी लेते हैं इसी कबीले में..
....
ईश्वर अल्लाह बाहेगुरु जीसस सबका सजदा करते हैं..
ऊपर वाला रेहमत करें सबके हक में बस यही दुआ करते हैं।।

47

लॉकडाउन

लॉकडाउन लॉकडाउन करके जो लोगो ने हां में हां मिलाई है।
महान बनने की एक नई वजह जताई है।।
......
अमीरों ने चैन के पैर जहां फैलाए हैं...
वहां गरीबों ने भूख से खुद की चिता जलाई है।।
....
पैसे ने बड़ा खेल खेला है..
लक्ष्मी का अमीरों के घर बसेरा है।।
....
अमीरों के घर जहां पकवान परसे है..
वहां गरीबों के बच्चे बेचारे रोटी को भी तरसे हैं।
....
हे परम पिता परमात्मा तू ही उपकार कर.. गरीबों का उद्धार कर।।
कोई इस कठिन समय में भूखा ना रहे, कुछ ऐसा चमत्कार कर।।

48

मातृ पितृ

मातृ पितृ जिनसे है धन धान भरा,
अलौकिक है जिनसे समस्त धरा ।।
....
जगमग करें वो वसुंधरा,
हमारे लिए है वो सम्पूर्ण सम्पदा ।।
......
उनका आशीष ही है उपासना,
उनके लिए हम करते हैं प्रार्थना।।
....
सदा खुश रहें,रहे निरोगी काया।।
धन धान से परिपूर्ण रहे,
हमेशा साथ रहे परिवार रूपी माया ।।

49

सत्य

इक आपन सच होए, दूजा सच बतावे |
इक जो होवे सच, उस सच में माखन मिलावे ||
तीन सचन की बात कहे , ऐसे की बात ना मानी |
जानकर वास्तविक सत्य , फिर सुजन ने जानी ||

अर्थात् कभी किसी की कही हुई बात पर विश्वास नहीं करना चाहिए, क्योंकि एक शब्दों के समूह की व्याख्या विभिन्न प्रकार से की जा सकती हैं इसी प्रकार एक बात के विभिन्न सच हो सकते हैं,एक आपका सच, दूसरा बताने वाले व्यक्ति का सच और एक वास्तविक सच ||

किसी का वास्तविक सच जाने बिना ही किसी अन्य व्यक्ति से उसे सुनकर विश्वास नहीं करना चाहिए |

50

किन्नर

मैं भी इंसान तू भी इंसान..
फिर तेरा सम्मान और मेरा अपमान..
ऐसा क्यूँ है भगवान..
भले ही न देते धन धान्य,
पर दे देते सम्मान,
ये किन्नर जन्म ही है हमारे लिए सबसे बड़ा अपमान,
......
मौत के बाद आत्मा की आजादी के लिए किये जाते हैं अनुष्ठान..
ये तेरा कैसा न्याय है भगवान?
तू जग से लड़ा, तेरे आगे है भगवान खड़ा,
तेरे आशीष से है भंडार भरा, नजर उतारने को बुलाते हैं तुझे लोग अपरिचित,
तू दुआ दे उनका उद्धार करता है निश्चित,
....
तू मेरी एक अनोखी रचना है
तुझे काल्पनिक अस्त्रों से बचना है,
मैं हर जगह आशीष नहीं दे सकता,
मैंने तुझे बनाई अपनी एक खास संरचना है||
....
तू मेरा आशीर्वाद पाकर किन्नर बना.. .
मैंने तुझे खास कर्मों के लिए है गढा ||

51

समर्पण

तुम्हारा क्या गया,
जो तुम रोते हो?
तुम क्या लाए थे,
जो तुमने खोते हो?
....
तुमने क्या पैदा किया था,
जो नाश हो गया?
न तुम कुछ लेकर आए,
जो उसका विनाश हो गया।
....
जो दिया, यहीं पर दिया।
जो लिया, इसी (भगवान) से लिया।
जो दिया, इसी को दिया।
फिर क्यूँ विचार करते हो
फिर क्यूँ मोह रखते हो
खाली हाथ आए है और खाली हाथ चले जाएंगे|
....
जो आज है तुम्हारा,
कल था और किसी का ,
परसों किसी और का हो जाना है।
तुम इसे अपना समझ कर मग्न हो रहे हो,
वो किसी और के पास जाना हैं ||
....
बस यही प्रसन्नता तुम्हारे दु:खों का कारण बन जाएगी|

ये तुम्हें अभी समझ नहीं आयेगी||

....

न यह शरीर तुम्हारा है,
न तुम शरीर के हो।
यह अग्नि, जल, वायु, पृथ्वी, आकाश पंचतत्व से बने हो
सब पंचतत्व मे मिल जाएगा।

......

परन्तु आत्मा स्थिर है – फिर तुम क्या हो?
तुम अपने आपको भगवान को अर्पित करो।
यही सबसे उत्तम सहारा बन जाएगा||

52

शांति

चाह है हमेशा रहे सुख में |
पर सुख की तलाश में दर दर भटके |
लेकिन पा कर मूल मंत्र |
वो अपने मन को ना झटके ||
....
जो रहे वह मन इंद्रियों|
धन, वासना और आलस्य में लिप्त हो मन की भावना से विलुप्त||
....
तेरे मन की भ्रम को छोड़ |
इंद्रियों के मोह से नाता तोड़ ||
....
कहत निखलेश मन को नियंत्रित जो तू कर जाएगा|
मनता रहित और अहंकार रहित जो हो जाएगा|
कर्तव्यों का पालन कर शांति का फल पायेगा||

53

जिसकी जैसी नियत वो वैसी कहानी लिखता है

जिसकी जैसी नियत वो वैसी कहानी लिखता है।
कोई परिंदो को बंदूक तो कोई पानी रखता है।।
......
अपनी असलियत से ना कोई इत्तेफाक रखता है|
और दूसरों से मसले हजार रखता है|
खुद बोले तो ना उसे भद्दी गाली समझता है|
कोई और करे गंदी नाली समझता है||
....
जिसकी जैसी नियत वो वैसी कहानी लिखता है।
कोई परिंदो को बंदूक तो कोई पानी रखता है।।
....
खुद की शान को शान समझता है|
और दूसरों की शान में अपमान समझता है|
अपना बताना भी सिखाना लगता है|
और सामने वाले का मुस्कुराना भी जताना लगता है||
....
जिसकी जैसी नियत वो वैसी कहानी लिखता है।
कोई परिंदो को बंदूक तो कोई पानी रखता है।।

54

गरीबी

गरीबी भी इंसान पर क्या कहर ढहाती है|
रोटी कपड़ा मकान तक को तरसाती है|
गरीबी ही इंसान को इंसान में फर्क बताती है|
वर्ना भगवान के यहां से तो सबके लिए सांसे एक समान आती है||

....

एक अमीर का बच्चा जिस खाने के लिए नखरे दिखाता है|
गरीब का बच्चा उस खाने को देख ललचाता है|
ना मिले तो कूडे में से उठा निवाला वो खाता है|
भूख से जब व्याकुल वो हो जाता है||

....

अन्न का आदर तो गरीबी ही सिखाती है|
वर्ना अमीरी में तो छप्पन भोग की क़ीमत भी ना जानी जाती है||
अमीरी जिन कपडों में शान दिखाती है|
साहब गरीबी बेचारी तन ढकने में भी खुश ही नजर आती है||

....

मिल जाए एक खिलौना तो सारे जहां की खुशियां वो पाता है|
जनाब वो गरीब है वो हर हाल में मुस्काता है||

......

छोटी छोटी खुशियों से वो दामन अपना भरती है|
जनाब ये गरीबी है हमदर्दी से ना किसी के गले लगती है||

....

पास ना कोई बैठाता है|
देख गरीब ना कोई गले लगाता है|
गंदे हो कपड़े तो दूर भागता है|

अरे कैसे बताऊँ गरीब है साहब°° हर वक्त मिल पाए साफ कपड़े इतना ना इसके पास आता है||

......

खुदा की देन है गरीबी भी जो किसी ने पाई है|
इसी गरीबी ने तो इंसान की परख करायी है|
वर्ना सांसे तो भगवान के घर से सबके लिए बराबर ही आयी है||

55

जीवन म्रत्यु

जीवन म्रत्यु से जो डरा नहीं|
प्रकाश अंधकार के डर से जो मरा नहीं||

....

धर्म के रास्ते जिसने कदम बढ़ाए है|
प्रभु ने उसके रास्ते पुष्प बिछाये है ||

....

अनंत तक जो खुद चलकर जाता है|
जो बाधाओं मे ना घबराता है||
कर्तव्य पथ पर जो निरंतर चलता जाता है |
वही मंजिल को पाता है ||

....

जिसके कदम ना कभी लड़खड़ाते है |
मन ना घबराते है |
मन में जिसके द्वढ़ विश्वास है |
जीत उसी के हाथ है||

None Of Us Knows The Day Of Death

<u>***Near-death, a person rapidly sees much or the totality of their life history.***</u>

There is a fine line between life and death. It's called Time.

Live your life to the fullest and before death leave them a mark to show that you exist forever.

Author Ms.Nikhlesh Sejwar

www.ingramcontent.com/pod-product-compliance
Ingram Content Group UK Ltd.
Pitfield, Milton Keynes, MK11 3LW, UK
UKHW022014190726
13853UKWH00005B/1928

9 798887 177304